CHANTS SACRÉS

POUR

les principales fêtes de l'année.

LILLE.

L. LEFORT,

Imprimeurs-Libraires.

PARIS.

A. LECLÈRE ET C.,

CHANTS SACRÉS

A la même librairie

———◁◆▷———

A vous, Seigneur, mes chants, à toujours! PS

CHANTS SACRÉS

POUR

LES PRINCIPALES FÊTES DE L'ANNÉE

Par Melle S. B.....

TROISIÈME ÉDITION.

LILLE

L. LEFORT, IMPRIMEUR – LIBRAIRE

M D CCC LX I I

Tous droits réservés.

A PIE IX

. . . .

Sans doute Pie est grand ! si grand que la couronne ,

Diadème éternel , qui sur son front rayonne ,

Semble faite pour lui !... si grand que pour sa main

Ne paraît pas trop lourd le sceptre souverain.

Oui, son front resplendit d'une pure auréole ,

Et son règne est béni de l'un à l'autre pôle ;

Mais si de tant d'amour ce pontife entouré

Entend tout retentir de son nom vénéré ,

C'est qu'on voit plus en lui qu'un prince de la terre ;

C'est que son sceptre aimé fut celui de saint Pierre ,

Et que la main qui verse et justice et bonheur
Montre son doigt paré de l'anneau du pêcheur.

C'est un roi juste et sage , un politique habile.....
Oui , mais un roi qui prend pour code l'Evangile ;
Un sage méditant, à l'ombre de la croix,
La *sublime folie* attachée à ce bois.
Sa politique, à lui, c'est celle de son Maître :
Il va faisant le bien... à des ingrats peut-être ;
Car l'un demandera ce qu'il ne peut donner ,
Et l'autre, pour ses dons, l'osera condamner.
C'est un sceptre brûlant, que sa houlette sainte ;
Ce sceptre, c'est la croix du sang rédempteur teinte.
Il le sait bien : déjà son grand et noble cœur
S'est senti transpercé du glaive de douleur ;
Déjà s'est approché de sa lèvre bénie
Le bord du vase amer qui versa l'agonie.

Oh ! n'importe, poursuis ta noble mission ,
Pontife bien-aimé de la religion.

Nous ne te prions pas de la rendre plus belle,

Sa beauté vient du ciel, sa gloire est éternelle;

Ni de la dépouiller de toute absurdité [1],

Ses enfants et les tiens savent sa sainteté.

L'Eglise fut, elle est et sera toujours sainte,

Et de ses ennemis la compassion feinte

N'émeut pas ses enfants. On a pu la trahir,

La fuir, briser son sein, mais jamais l'avilir.

C'est l'étoile des cieux, le rayon de l'aurore,

Qui, malgré l'ouragan, brille plus pur encore;

C'est le phare béni qui montre le chemin

Où tu nous soutiendras du cœur et de la main.

Oui, marche, Père saint, car nobles sont tes voies;

Tes pieds, sur les hauteurs, apportent mille joies.

Tout le ciel attentif sur toi fixe les yeux,

Et l'univers attend, calme et silencieux....

[1] Paroles extraites d'une adresse à Pie IX, dans laquelle l'auteur, méconnaissant la divinité de la religion, ne voudrait voir dans l'auguste pontifé qu'un réformateur politique et un novateur religieux.

Fils du Roi de Sion , tes démarches sont belles !

Avance jusqu'au bout dans ces routes nouvelles

Que te trace ton cœur. Tous nous prions pour toi :

Non pas pour que jamais ne faillisse ta foi ,

Elle ne peut faillir ; mais pour que l'espérance

Et le céleste amour soutiennent ta constance ,

Pour que tes pieds bénis ne s'embarrassent pas

Dans les sombres filets que l'on tend sous tes pas.

CHANTS SACRÉS

L'AVENT

Père de l'univers, à notre humble prière
Daigne prêter l'oreille et t'incliner vers nous.
Ils sont passés, Seigneur, les jours de ta colère ;
Exauce tes enfants priant à tes genoux.

Nous osons te sommer de tenir ta promesse,
Que tu nous fis un jour, d'un Dieu réparateur.
Prends pitié de nos maux, éternelle Sagesse ;
L'homme faible et coupable a besoin d'un Sauveur.

2

Attentifs à ces temps que marqua ton prophète,
L'espoir de notre cœur s'accroît de jour en jour.
Les peuples sont émus, et la terre muette
Attend le Rédempteur qu'appelle notre amour.

Tromperais-tu nos vœux, Dieu saint, Dieu de clémence?
Non ; le Sauveur naîtra, car tu nous l'as promis !
Il séchera nos pleurs par sa douce présence,
Nous verrons à ses pieds tous les peuples soumis.

O Christ, viens commencer ton règne favorable,
Nous gémissons courbés sous le poids de nos fers.
Descends, nous t'implorons, Rédempteur adorable,
Viens nous rendre la paix et vaincre les enfers.

L'homme, sans ton appui, n'est qu'un roseau fragile.
Viens de ton bras puissant lui prêter le secours.
Viens à nos faibles cœurs rendre ta loi facile ;
Sous ton regard divin nous la suivrons toujours.

Oh ! cède à nos désirs, et du sein de ton Père
Descends, Verbe éternel, descends en ces bas lieux ;
Par ton avénement, viens consoler la terre,
Viens, oh ! daigne remplir le plus cher de nos vœux !

L'IMMACULÉE CONCEPTION

OFFERTOIRE

J'entends la voix des archanges
Qui retentit dans les airs,
Et de leurs saintes phalanges
S'élèvent de doux concerts.

Ils disent, dans leur cantique :
Sois bénie, Enfant des cieux,
Beau lis, rose magnifique,
Etoile aux célestes feux.

J'entends, etc.

De la cité bienheureuse
Abandonnant le séjour,
Cette troupe harmonieuse
Entonne un hymne d'amour.

Notre terrestre vallée
S'illumine à leurs splendeurs ;
D'une Vierge immaculée
Ils célèbrent les grandeurs.
J'entends, etc.

Leur voix rassure la terre
Et fait trembler les enfers,
En chantant la Vierge-mère,
Reine de cet univers.
Ils redisent le cantique :
Sois bénie, Enfant des cieux,
Beau lis, rose magnifique,
Etoile aux célestes feux.
J'entends, etc.

Ils la disent sans souillure,
Dans leur chant mélodieux,
Et si candide et si pure
Qu'elle fait pâlir les cieux.
Non, jamais l'esprit immonde
N'a sur ce front virginal,
Plus pur que l'astre du monde,
Apposé son sceau fatal.
J'entends, etc.

O Vierge, ô Reine chérie,
Que vous annonce le Ciel ?..

Mais bientôt, douce Marie,
Pour consoler Israël,
Permets qu'aux chœurs angéliques
Nous unissions nos transports,
Et souris à nos cantiques
Se mêlant à leurs accords.
J'entends la voix, etc.

ÉLÉVATION

Prosternons-nous, le Dieu d'amour
Descend des cieux en ce moment suprême ;
Mortels, c'est ainsi qu'il nous aime,
Ah ! payons-le d'un doux retour.

O Saint des saints, Roi de nos cœurs,
Nous t'adorons dans ce divin mystère,
Et du cœur de ta Vierge-mère
Nous t'offrons les chastes ardeurs.

BÉNÉDICTION

O Dieu de pureté caché dans cette hostie,
L'amour, ô mon Jésus, t'appelle sur l'autel.

Nous voulons en ce jour, par l'auguste Marie,
    Te louer, ô Verbe éternel.

Te voilà descendu de la voûte étoilée,
Ta présence a rempli le plus cher de nos vœux..
Nous chantons en ce jour ta Mère immaculée...
    Oh! daignez nous bénir tous deux.

IVᵉ DIMANCHE DE L'AVENT

A tes genoux, tu nous revois encore :
Toujours, Seigneur, toujours mêmes désirs.
Exauce enfin le peuple qui t'implore :
Toujours vers toi s'élancent ses soupirs.

   Oh ! viens, adorable Messie !
   Viens, notre doux Emmanuel !
   Viens, viens, nous apporter la vie
   Et sauver ton cher Israël.
   Du péché la vapeur funeste,
   Hélas, nous dérobe les cieux ;
   Descends de ton trône céleste,
   Soleil divin, brille à nos yeux.

Rameau béni de la tige royale,
Fils de David, Prince dominateur,
Viens, et que ta naissance virginale
Au monde entier annonce son Sauveur.

   Oh ! viens, etc.

Viens, Dieu de Dieu, viens, Sagesse éternelle,
Adonaï, divin Législateur !
Viens imposer à notre âme rebelle
Ta loi d'amour, ton joug plein de douceur.
     Oh ! viens, etc.

Viens, Orient ! viens, Soleil de justice !
Oh ! sois touché de notre triste sort.
Viens éclairer, Astre doux et propice,
Le monde assis à l'ombre de la mort.
     Oh ! viens, etc.

O Saint des saints, ô Clef mystérieuse,
Daigne fermer la porte des enfers ;
Ouvre à nos vœux la cité bienheureuse,
Puis en descends pour sauver l'univers.
     Oh ! viens, etc.

FÊTE DE NOËL

OFFERTOIRE

Chrétiens, par les plus doux concerts
Exprimons notre heureuse ivresse,
Et faisons retentir les airs
Des transports de notre allégresse.
Honneur, amour, gloire au plus haut des cieux !
    A nous paix et clémence !
Chantons, chantons, Jésus naît en ces lieux,
    Notre bonheur commence.

Venez, près du divin berceau,
Du Ciel admirer la sagesse
Et saluer l'Enfant nouveau
D'un chant d'amour et de tendresse.
Honneur, etc.

Sous le joug d'un tyran cruel
La terre expirait asservie,

Mais Jésus descendit du ciel
Et vint lui redonner la vie.

Honneur, etc.

  - Il vient partager nos destins
Pour nous rendre le Ciel propice,
Et déjà ses pleurs enfantins
De Dieu désarment la justice.

Honneur, etc.

Roi d'amour, divin nouveau-né,
Comment célébrer tes louanges ?
L'univers t'admire étonné,
Enfant-Dieu qu'annonce les anges.

Honneur, etc.

Nous t'accueillons avec transports,
Fils de David, Fils de Marie,
Et voulons par de doux accords
Chanter ta naissance chérie.

Honneur, etc.

ÉLÉVATION

C'est Jésus, je sens sa présence ;
C'est lui ! mon cœur, incline-toi.
Il descend des cieux, il s'avance
Couvert des voiles de la foi.

Gloire à jamais, gloire au Sauveur aimable
   Qui se fait notre doux recours !
A ce Dieu-frère, à ce Verbe adorable,
   Gloire toujours, gloire toujours !

   J'entends la lyre séraphique ;
   Le Ciel se mêle à nos transports,
   Il entonne un divin cantique,
   Unissons-nous à ses accords.

Gloire à jamais, gloire à l'auguste Père !
   Gloire à toi, son Verbe divin !
Gloire à l'Esprit, qui m'embrase et m'éclaire !
   Gloire sans fin, gloire sans fin !

SAINT ÉTIENNE

Dans sa tendresse infinie
Jésus meurt ! oh quel amour !
Mais l'homme offrira sa vie
Pour le payer de retour.
Chrétiens , les fruits du Calvaire
Vont déjà se recueillir;
Je vois se teindre la terre
Du sang du premier martyr.

A Jésus honneur et gloire !
Chantons tous en ce beau jour ;
De nos martyrs la victoire
Est un fruit de son amour.

Disciple saint et fidèle
A ses préceptes nouveaux ,
Comme son divin Modèle
Il pria pour ses bourreaux.

Seigneur, pardonnez ce crime
Et ne vengez pas ma mort.
Ainsi parle un Dieu victime :
De l'amour dernier effort !

A Jésus, etc.

Mais de quel éclat rayonne
Ton front pur et radieux !
Quelle splendeur te couronne !
Ton œil plonge jusqu'aux cieux.
Je vois l'Agneau du Calvaire,
Debout près de l'Eternel ;
C'est l'image de son Père,
C'est Jésus, l'Emmanuel.

A Jésus, etc.

Grand Saint, ton regard de flamme
Avait dévoilé Jésus ;
Oh ! viens nous prêter ton âme
Pour voir ce Roi des élus.
Dis-nous : sa main bienfaisante
Découvrit-elle à tes yeux
Cette palme triomphante
Qui doit te parer aux cieux ?
A Jésus, etc.

—◇—

SAINT JEAN

Disciple aimé du plus doux Maître,
Grand Saint, sois le mien à ton tour;
Oui, viens m'apprendre à le connaître,
Viens m'embraser de ton amour.
Prête-moi ton cœur séraphique,
Ton humble et modeste douceur,
Ta pureté tout angélique,
Pour être aimé de mon Sauveur.

Dis-moi, sur son cœur adorable
Quand ton front pur s'osa poser,
Dis-moi la tendresse ineffable
Que ton âme dut y puiser.
Le Dieu saint de ce tabernacle
T'ouvrit ses trésors en ce jour;
Avant les flammes du cénacle,
Jean, tu devais brûler d'amour.

Aussi., c'est ta plume divine.
Qui de l'auguste Emmanuel
Nous dit la céleste origine,
Les secrets du Verbe éternel.
C'est toi, c'est ta voix inspirée
Qui chante sa divinité,
Et de sa naissance adorée
Nous dévoile la majesté.

C'est toi qui nous dis sa tendresse ;
Toi qui nous transmis les discours
Empreints d'amour et de tristesse
Qui remplirent ses derniers jours.
C'est ta voix qui nous fit entendre
Son touchant, son brûlant adieu ;
Qui nous apprit le cœur si tendre
Que s'était donné l'Homme-Dieu.

Ta voix nous charme et nous console,
Grand Saint, apôtre de l'amour.
Le Verbe te fit sa parole,
Oh ! deviens la mienne en ce jour.
Oui, puisque ta voix si chérie
M'apprit l'amour de mon Jésus,
Dis-lui que sa vie est ma vie,
Que loin de lui je ne vis plus.

LA CIRCONCISION

OFFERTOIRE

Chrétiens, notre salut commence ;
Jésus, dans ce jour solennel,
Se soumet aux lois d'Israël,
Et veut, dans son amour immense,
Mortels, que ce sang précieux,
Qui doit arroser le Calvaire,
Déjà nous mérite les cieux
Et de son sceau marque la terre.

Juda, le sang de tes génisses
Ne peut plus détourner les coups
Du Dieu, de sa gloire jaloux,
Qui rejette les sacrifices.

Mais Jésus, l'adorable Agneau,
En s'immolant le glorifie ;
Son sang sous le sacré couteau
Coule, et Dieu s'unit à l'hostie.

Tendre Enfant, ta chair innocente
Déjà souffre pour le péché ;
Oui, ton cœur de nos maux touché,
Dans sa bonté compatissante,
Te presse de verser pour tous
Ce sang qui sauve et justifie ;
Il coule, et de Dieu le courroux
S'apaise devant cette hostie.

Vois cette foule prosternée
Qui te supplie avec ferveur,
Par toi, par ton nom de Sauveur,
De bénir la nouvelle année ;
Doux Jésus, que tous ses instants
Soient marqués par des œuvres saintes ;
Toutes les minutes du temps
De ton sang précieux sont teintes.

Fais, Dieu Sauveur, fais, par ta grâce,
Qu'au chemin de l'éternité,
En marchant avec sainteté,
Nos pas des tiens suivent la trace ;

Fais que la cité des élus
S'ouvre un jour à notre âme heureuse,
Pour te louer, nom de Jésus,
Dans l'éternité glorieuse !

Autre pour le même jour.

Salut, Maître adorable
     Des élus !
Salut, nom tout aimable
     De Jésus !
Ce beau nom de Sauveur,
Nom d'espoir et de douceur,
Est un gage de bonheur :
     Oh ! quelle faveur !

Je le vois dans le temple
     Enfant-Dieu ;
L'univers le contemple
     Dans ce lieu.
Vaincu par ton amour,
Dieu lui-même de sa cour
Nous bénit en ce grand jour.
     Qu'offrir en retour ?

Jésus, ô mes délices !
De ton flanc
S'échappent les prémices
De ton sang.
Aimable et divin Roi,
Je t'en prie, oh! laisse-moi
Les recueillir par la foi ;
Car ce sang, c'est toi.

Coule en mon âme heureuse,
Vin sacré,
Liqueur mystérieuse ;
Qu'enivré
De tes flots généreux
Mon cœur en ce jour heureux
Jouisse, ô sang précieux,
Du bonheur des cieux.

Mon Sauveur, ta tendresse,
Dès ce jour,
A te chérir nous presse
En retour.
Brûle-nous, doux Jésus,
De la flamme des élus,
Car d'amour nos cœurs émus
Ne résistent plus.

Jésus, nom délectable
Pour nos cœurs!
Jésus, nom favorable
Aux pécheurs!
Jésus, nom adoré,
Nom suave et révéré,
En tous lieux sois vénéré,
Nom d'amour sacré.

ÉLÉVATION

Du sein de Dieu, du siége de sa gloire,
Jésus descend dans cet humble séjour.
Oui, je le crois. Il est si doux de croire
Tout ce qui peut nous prouver son amour!

C'est notre Dieu, mortels, mais un Dieu frère;
C'est notre ami, notre divin Sauveur.
Il l'a reçu dans ce jour salutaire,
Ce nom sacré qui fait notre bonheur.

Il faut du sang, adorable Victime,
Pour t'acquérir ce doux nom de Jésus;
Il en faudra pour expier le crime,
Pour nous marquer du sceau de tes élus.

De tous nos cœurs daigne agréer l'hommage ;
Nous te louons, nous chantons tes bienfaits ;
Que ton amour soit béni d'âge en âge,
Et que ton nom nous soit cher à jamais.

BÉNÉDICTION

Divin Jésus,
De tes célestes flammes
Viens embraser toutes nos âmes,
Divin Jésus !
Amour extrême,
Que tout t'adore et t'aime,
Divin Jésus!

Ce nom d'amour,
Apporté par les anges,
Est le sujet de nos louanges,
Ce nom d'amour;
Dieu d'espérance,
Tu prends dans ta clémence
Ce nom d'amour.

3*

Bénis, Seigneur,
Ta famille inclinée ;
Et de cette nouvelle année
Bénis, Seigneur,
Les jouissances,
Les travaux, les souffrances,
Bénis, Seigneur.

L'ÉPIPHANIE

OFFERTOIRE

Du Ciel adorons la clémence ;
Touché de notre triste sort,
Jésus daigne par sa présence
Dissiper l'ombre de la mort.

Israël, le Dieu de tes pères
Dans ce jour nous appelle à lui ;
Nous allons devenir tes frères ;
A nos yeux son étoile a lui.

Oui, de ton céleste héritage
Nous sommes les cohéritiers ;
Tu verras, au jour du partage,
Accourir des peuples entiers.

Israël, etc.

Nous sommes enfants des promesses,
Mais ne t'en montre pas jaloux;
Prodiguant ses saintes richesses
Ton Dieu se donne tout à tous.
Israël, etc.

Des rois, nos augustes prémices,
Quittent le vermeil Orient,
Guidés par les rayons propices
De l'astre de Jésus naissant.
Israël, etc.

Ils sont descendus de leur trône,
A l'appel du signe nouveau;
Ils vont déposer leur couronne
Auprès du plus humble berceau.
Israël, etc.

De Jésus adorant l'enfance,
Déjà ces sages couronnés,
Dans un respectueux silence,
Devant lui se sont prosternés.
Israël, etc.

A l'Enfant-Dieu l'or et la myrrhe
Furent offerts avec l'encens.
Ah! Jésus dut, par un sourire,
Accueillir ces nobles présents.
Israël, etc.

Chrétiens , à la royale offrande
De ces augustes visiteurs
Unissons, l'amour le demande ,
Unissons nos vœux et nos cœurs.
Israël , etc.

Jésus, notre indigence extrême
N'a rien de plus digne de vous ;
Acceptez-les, ô Roi suprême ,
Nous les laissons à vos genoux.
Israël, etc.

LA CONVERSION DE S. PAUL

Esprit-Saint, descends dans mon âme,
Viens m'éclairer de ton flambeau.
Viens, ma faiblesse te réclame,
Viens m'inspirer un chant nouveau.
C'est le triomphe de ta grâce
Que ma voix exalte en ce jour.
J'ai besoin, pour suivre sa trace,
De tes ailes, Esprit d'amour.

Montre-la-moi, Dieu de lumière,
Prévenant Paul de sa douceur,
Courbant enfin sa tête altière
Sous le joug si doux du Seigneur;
Montre-moi son âme troublée
De la mort du premier martyr,
Emue et pourtant consolée
Des vœux de son dernier soupir.

Pardonnez-leur, fut sa prière,
Et puisse mon sang répandu
Ouvrir leurs yeux à la lumière !
Ce vœu par Paul fut entendu.
Il admira... mais de son âme
Secouant le germe divin,
Bientôt il éteignit la flamme
Qui dans son cœur brûlait en vain.

Pour chasser loin de sa pensée
Ce noble et touchant souvenir,
Dont toujours son âme oppressée
S'irrite sans se repentir,
Chargé d'un ordre sanguinaire,
Ardent à défendre sa loi,
Il veut des enfants du Calvaire
Arracher la vie ou la foi.

Poursuivant son projet funeste,
Il part... Soudain du sein des airs
S'entendit une voix céleste
Qui dit, au milieu des éclairs :
« Paul ! pourquoi me faire la guerre ?
» Pourquoi me persécutez-vous ? »
Mais lui, prosterné contre terre,
S'écria : « Qui donc êtes-vous ? »

Et Jésus, de sa voix si tendre,
Consola sa vive douleur,

Et cette voix lui fit entendre
Des mots d'amour et de douceur ;
Et bientôt, fidèle à la grâce ,
Seul, aux pieds de ce Dieu d'amour,
Lui dit : « Que faut-il que je fasse ?
Je suis à vous et sans retour. »

Alors, alors l'Esprit de flamme
Descendit et remplit son cœur ;
Alors il versa dans son âme
La foi, le zèle et la ferveur.
Il agrandit l'intelligence
De l'Apôtre des nations ,
Et de sa divine science
Lui donna les sublimes dons.

Paul, profitant de ses lumières ,
Brûlant de l'amour de Jésus,
Aux gentils , devenus ses frères ,
Porte le flambeau des élus.
Au bruit de sa tonnante voix
Tombent les croyances frivoles ,
Et partout s'élève la croix
Sur les décombres des idoles.

O grand Saint , poursuis tes conquêtes ;
Le Ciel sourit à tes efforts ,
Et les célébrant dans ses fêtes,
Applaudit par de doux transports.

Traversant les plaines de l'onde,
Vas aux confins de l'univers
Porter jusqu'aux bornes du monde
Le grand nom du Dieu que tu sers.

Maintenant du sein de ta gloire,
De ce séjour de ton bonheur,
Entends-nous chanter ta victoire,
Montre-toi notre protecteur.
Nous voulons imiter ton zèle,
Ta fidélité, ton amour ;
Sois notre ami, notre modèle,
Notre appui jusqu'au dernier jour.

LA PRÉSENTATION

OFFERTOIRE

Je te salue, ô pleine de grâce,
Ô Vierge bénite d'Israël !
Dans ce jour, je veux suivre ta trace
Et porter mon Jésus sur l'autel.

Laisse-moi, laisse-moi, Vierge-mère,
Dans tes bras contempler mon Sauveur,
L'adorer, l'offrir à Dieu son père,
Imiter le sacrificateur.

Siméon, que l'Esprit-Saint anime,
Reconnaît ton enfant glorieux,
Sur son cœur met la douce Victime
Et pour tous l'élève vers les cieux.
Laisse-moi, etc.

Du tombeau je brave la poussière.
S'écrie le vieillard fortuné,
Car déjà j'aperçois la lumière
Du Sauveur aux peuples destiné.
Laisse-moi, etc.

Oui, Seigneur, de ta sainte tendresse,
Dans ce jour je comprends les effets ;
Oui, j'ai vu l'Enfant de la promesse
Et je veux célébrer ses bienfaits.
Laisse-moi, etc.

Ebloui de ta vive lumière
Mon œil peut se fermer désormais.
Que ferais-je, Enfant-Dieu, sur la terre ?
Je t'ai vu ! je puis mourir en paix.
Laisse-moi, etc.

Doux Enfant que Siméon contemple,
Ton amour t'appelle parmi nous ;
Sur l'autel, comme alors dans le temple,
Tu parais... Mortels prosternez-vous.
Ah ! pour nous, daignez, auguste Mère,
Sur l'autel adorer le Sauveur,
Le bénir, l'offrir à Dieu son père,
Imiter le sacrificateur.

ÉLÉVATION

Adorons en silence
Le Dieu de nos autels ;
Dans sa gloire il s'avance,
Oh, recueillons-nous, mortels ;
Jésus s'immole à son Père,
Son sang fléchit sa colère.
Amour, amour, amour ;
Sois béni, doux Jésus,
Et dans cet heureux jour.
Reçois tous nos cœurs en retour.

O sainte Eucharistie !
O vrai Pain des élus !
Mystérieuse Hostie !
O viens, mon divin Jésus !
O viens, mon cœur te réclame,
Viens allumer dans mon âme
Tes feux, tes feux, tes feux ;
Exauce nos désirs,
Daigne accueillir nos vœux,
Roi d'amour, descendu des cieux !

BÉNÉDICTION

Mortels, ce temple est saint ;
L'Enfant divin,
Par sa présence,
A fait de ce séjour
Un cénacle d'amour.
Chrétiens, adorons-le dans un profond silence ;
Jésus, du haut du ciel,
Vient sur l'autel
S'offrir à l'Eternel.

LES QUARANTE HEURES

OFFERTOIRE

Vous qui pleurez sur les maux de vos frères,
Chrétiens fervents, venez dans ce saint lieu.
D'un monde vain, déplorons les misères ;
Ah ! fléchissons la justice de Dieu.
Unissons-nous à la grande Victime,
Pénétrons-nous des divines douleurs ;
Au sang divin mêlons, mêlons nos pleurs,
Et fermons-lui la route de l'abîme.
Exauce-nous, doux Jésus, en ce jour,
Et laisse agir les droits de ton amour.

Hélas ! hélas ! à cet amour si tendre,
A tes attraits, à tes chastes ardeurs,
Ce monde aveugle, évitant de se rendre,
Te fuit, te perd pour de folles erreurs.

Ah ! laisse-nous, laisse-nous, Dieu suprême,
Le cœur brisé, pleurer à tes genoux,
Par nos douleurs désarmer ton courroux,
T'aimer pour lui, t'aimer d'amour extrême.
Pour les pécheurs, doux Jésus, en ce jour,
Ah ! laisse agir les droits de ton amour.

Oui, souviens-toi qu'en passant sur la terre
Tu fus pour eux le plus doux des amis ;
Tu te montrais bon pasteur, tendre père,
Et tu régnais sur leurs cœurs insoumis.
Ton bras, Seigneur, n'a pas moins de puissance.
Pitié pour eux, au nom de ta bonté.
Pardonne-les, ne sois pas irrité,
Ton divin cœur n'est-il pas indulgence ?
Exauce-nous, doux Jésus, en ce jour,
Et laisse agir les droits de ton amour.

A tes genoux, pour leur foule coupable,
Le front baissé, les yeux baignés de pleurs,
Nous te faisons une amende honorable,
Ah ! sauve-les des éternels malheurs.
Répands, mon Dieu, ton amour dans leurs âmes ;
Consume-les des feux du repentir ;
Cœur de Jésus, daigne les recueillir,
Embrase-les de tes célestes flammes.
Exauce-nous, doux Jésus, en ce jour,
Et laisse agir les droits de ton amour.

Gloire à jamais à l'Agneau du Calvaire,
Que tous les cœurs soient pour lui des autels !
Honneur, amour au Dieu du sanctuaire !
Qu'il soit béni dans les jours éternels !
Que réunis dans la cité chérie,
Justes, pécheurs, nous chantions ses bienfaits ;
Que d'un seul cœur nous l'aimions à jamais !
Que tous et tout l'adore et glorifie !
Divin Jésus, quand brillera ce jour,
Ce temps heureux du règne de l'amour ?

LE MERCREDI DES CENDRES

Pendant la distribution des cendres.

Voici des jours de salut et de vie !
Voici le temps d'expier nos erreurs !
Prosternons-nous , et que tout s'humilie ;
Saint repentir , viens briser tous les cœurs !

Mortels , fléchissons la colère
Du Ciel irrité contre nous ;
Inclinons-nous , cendre et poussière ,
Devant Dieu tombons à genous.

Oui , chrétiens , de la pénitence
Embrassons la sainte rigueur ,
Et disons avec confiance :
Pardon, Seigneur ! pardon , Seigneur !

Mortels, etc.

Ce Dieu si bon accueillera nos larmes,
Les essuiera de son auguste main ;
La pénitence aura pour nous des charmes,
Tout est possible à son amour divin.

    Mortels, etc.

Des faux plaisirs fuyons, fuyons l'ivresse,
Repoussons-les d'un généreux effort ;
Oui, rejetons sa coupe enchanteresse ;
Au fond du vase est trop souvent la mort.

    Mortels, etc.

Que donne-t-il, le monde avec ses fêtes,
Que donne-t-il pour la félicité ?
Ses fleurs bientôt se fanent sur nos têtes,
Tout est chez lui mensonge et vanité.

    Mortels, etc.

Sous ses lambris tout n'est pas qu'allégresse,
Et le mondain aussi verse des pleurs,
Pleurs bien amers, car souvent sa tristesse
Est du remords les cuisantes douleurs.

    Mortels, etc.

Venez à moi.... quelle douce parole !
L'entendez-vous, frères infortunés ?
Ne pleurez plus, c'est le Dieu qui console,
Oui, c'est sa voix qui vous redit : Venez.

    Mortels, etc.

Allez à lui : pour calmer la souffrance,
Vous le voyez, le monde est impuissant ;
Ce Dieu Sauveur vous rendra l'innocence ,
Son divin cœur est si compatissant !

    Mortels, etc.

Et quand votre âme à la grâce soumise
Fuira les flots d'un monde mensonger ,
Vos cœurs émus d'une douce surprise
Diront : De Dieu que le joug est léger !

    Mortels, etc.

Oh ! faites-en la douce expérience ,
De cet autel Jésus vous tend les bras ;
Gardez-vous bien de blesser sa clémence ;
Il est si bon , ne soyez pas ingrats.

    Mortels , etc.

Venez , venez , pécheurs , tout vous en presse ,
Le Ciel s'apprête à bénir le retour ;
Nous oublierons notre sainte tristesse ,
Pour entonner le cantique d'amour.

    Mortels , etc.

Chrétiens fervents , que ce saint lieu rassemble ,
Daignez unir vos vœux à notre voix ;
Pour les pécheurs, prions, prions ensemble ,
Conduisons-les près du Dieu de la croix.

    Mortels, etc.

LES RAMEAUX

Unissons-nous au peuple israélite,
Accourons tous sur les pas de Jésus,
Pour le bénir et marcher à sa suite.
Environnons ce Prince des élus;
Cueillons pour lui des palmes immortelles;
Que jusqu'aux cieux éclatent nos transports,
Et célébrons, par les plus doux accords,
Ce Dieu, l'objet de fêtes éternelles.
Ouvrez, ouvrez les portes d'Israël
Au Roi de gloire, au Souverain du ciel.

Vois tout Juda pressé sur ton passage,
Vois son amour, entends ses cris joyeux.
Quoi, mon Sauveur! ce tendre et vif hommage
Ne sèche pas les larmes de tes yeux?
Non, sur ton front une grave tristesse
Fait pressentir de mortelles douleurs;

Ton œil se lève, il est rempli de pleurs,
Et ces pleurs font deviner ta tendresse.
O Roi de gloire, ô Souverain du ciel,
Tes pleurs amers coulent sur Israël.

Ah ! tu connais sa fatale inconstance,
Tu sais, mon Dieu, tu sais que dans trois jours
Ce peuple ingrat n'aura plus souvenance
Des biens reçus par ton puissant secours.
Tu dis, hélas ! avec ta voix si tendre :
« Si tu pouvais, dans ces derniers moments,
». Pleurer enfin tes longs égarements.
» Jérusalem, si tu pouvais m'entendre !.... »
Ce Dieu Sauveur, ce Souverain du ciel
Aimait ainsi le volage Israël.

Et nous, chrétiens, sommes-nous plus fidèles ?
Jésus, pour nous, brûle du même amour.
Venez, dit-il, à l'abri de mes ailes,
Peuple chéri, vous cacher en ce jour....
Ce Dieu bientôt va monter au Calvaire,
Nous le suivrons au sentier des douleurs.
Du moins, mortels, nous mêlerons nos pleurs
Au sang divin qui sauvera la terre ;
Sang précieux versé par Israël,
Brise les sceaux de la porte du ciel.

LE JEUDI SAINT

Venez, chrétiens, venez, foule bénie,
   Compatir aux maux de Jésus ;
Soyez témoins de la triste agonie
   Que subit ce Roi des élus.
Pour nous il prie, et sa douleur cuisante
Nous ouvrira le céleste séjour.
Du moins, du moins, à sa sueur sanglante,
   Chrétiens, mêlons nos pleurs d'amour.

De ses tourments parcourons le mystère ;
   Ici, je le vois enchaîné,
Là, j'aperçois, ô raillerie amère !
   Son front d'épines couronné.
Sous ces liens baisons ses mains divines
Qui vont fermer la porte des enfers,
Du genre humain réparer les ruines,
   Et pour jamais briser nos fers.

Ce Dieu puissant, pour sceptre dérisoire,
    Dans sa main reçut un roseau;
Ce Saint des saints, ce divin Roi de gloire
    Fut revêtu d'un vil lambeau !
Puis à ses pieds, oh! chrétiens, quel outrage !
    Les fils maudits de l'ingrate Sion
Osaient offrir le sacrilége hommage
    D'une vaine adoration !....

Ils firent plus : de sa face adorable
    Redoutant les chastes attraits,
Pour assouvir leur malice exécrable
    Ils ont osé voiler les traits.
Je te salue, ô Roi dont la puissance,
    Lui disaient-ils, se montra parmi nous :
Qui t'a frappé ?... De ce Dieu qu'on offense,
    Qui donc retenait le courroux ?

Nuit de douleur, nuit terrible et sacrée,
    Je veux te passer à genoux,
Et en offrant la Victime adorée,
    Du Ciel apaiser le courroux.
Quoi ! notre Dieu, d'une foule insolente
    Souffre l'outrage et les mépris sanglants !
Les anges saints frémissent d'épouvante,
    Resterons-nous indifférents ?

LES CINQ PLAIES

Divin Jésus, de tes plaies adorables
  Daigne nous ouvrir les trésors.
Repos des saints, refuge des coupables,
  Pour tous, source d'heureux transports !

Gages d'amour, doux motifs d'espérance,
  Liens sacrés, chaînes des élus :
Nous vous chantons, car la reconnaissance
  Plaît toujours au cœur de Jésus.

Mains de Jésus, recevez notre hommage,
  Nous voulons vous chanter en chœur,
Vous qui toujours sur son divin passage
  Versiez l'espoir et le bonheur.
O bon Jésus, de tes saintes richesses
Répands sur nous tes célestes faveurs,

Augustes mains, soutenez nos faiblesses
  Et soyez l'appui de nos cœurs.
Gages d'amour, etc.

Divines mains, un courroux sanguinaire
  Vous transperça d'un fer cruel :
Le sang jaillit, arrosa le Calvaire,
  Sous l'effort du clou d'Israël.
Mais quel amour ! par le marteau meurtries,
Ces mains encor répandent des bienfaits.
Mains de Jésus, soyez toujours bénies,
  Et qu'on vous adore à jamais !
Gages d'amour, etc.

Du bon Pasteur on peut suivre les traces,
  Son sang a marqué tous ses pas ;
Il vient à nous pour nous offrir ses grâces,
  La douleur ne l'arrête pas.
Et cependant ses pieds, ses pieds que j'aime,
Percés ainsi que ses augustes mains,
Disent l'excès de sa tendresse extrême
  Pour les trop coupables humains.
Gages d'amour, etc.

Mon doux Sauveur, au nom de ta tendresse,
  A tes pieds laisse-moi mourir ;
Je veux y vivre, y demeurer sans cesse,
  Y rendre le dernier soupir.

J'attendrai là de mon souverain Juge
L'arrêt sacré qui doit fixer mon sort.
O mon Jésus! mon amour! mon refuge!
　　Qu'à tes pieds est douce la mort,!
Gages d'amour, etc.

Et toi, du cœur plaie auguste et chérie,
　　Doux asile ouvert par l'amour,
Je veux t'aimer, t'aimer toute ma vie,
　　Te chanter jusqu'au dernier jour ;
Je veux brûler de ta divine flamme ;
A toi mon cœur, à toi ma volonté,
Ce que je suis, tout ce qu'aime mon âme,
　　Mon temps et mon éternité.
Je veux brûler, etc.

LE SAINT JOUR DE PAQUES

OFFERTOIRE

Heureux chrétiens , cessons nos chants de deuil,
Oui, suspendons nos hymnes de tristesse,
Ne pleurons plus : Jésus sort du cercueil ;
Que tout ici tressaille d'allégresse.

   Chantons gloire au plus haut des cieux.
   Non, la mort n'a plus de puissance ;
     Jésus en est victorieux ;
   En triomphateur il s'avance.

Oh ! ce n'est plus cet homme de douleurs
Qui, de son sang, arrosait le Calvaire ;
C'est Dieu , Dieu même, entouré de splendeurs ,
Le Roi du ciel , le Maître du tonnerre.

   Chantons , etc.

Son front divin brille de majesté,
Ce front percé de sanglantes épines.
Voyez aussi resplendir de clarté
Son cœur sacré, ses pieds, ses mains divines.

    Chantons, etc.

Près du tombeau les gardes éperdus
Tombent frappés de l'éclat de sa gloire,
Et, dans l'enfer, les démons confondus
Tous ont frémi du bruit de sa victoire.

    Chantons, etc.

Des habitants de la céleste cour
Qui nous dira les hymnes d'allégresse,
Les chants joyeux, les cantiques d'amour,
Les saints transports et l'ineffable ivresse ?

    Chantons, etc.

Et nous aussi, tressaillons de bonheur,
Car, dans ce jour, Jésus répand ses grâces ;
Mais, sachons-le, l'adorable Sauveur
Fait une loi de marcher sur ses traces.

    Oui, nous suivrons ce Dieu d'amour
      Par devoir et reconnaissance,
    Et ce doux Sauveur, en retour,
    Nous soutiendra par sa puissance.

Autre sur le même sujet.

L'heureux jour du bonheur succède aux nuits de deuil,
Un astre radieux dissipe les ténèbres ;
L'enfer, s'enveloppant de ses voiles funèbres,
S'enfuit épouvanté de l'aspect d'un cercueil :
Ce cercueil où trois jours dormit le Dieu de vie,
Que scella follement le coupable Israël,
Nous rend en ce beau jour le doux Fils de Marie.
Chrétiens, aux chants du ciel unissons nos transports.
    Entendez-vous les chœurs des anges ?
    Mêlons nos voix à leurs accords ;
Du vainqueur de la mort célébrons les louanges.

Bientôt sur l'univers le Dieu ressuscité
Comme un triomphateur étendra sa puissance,
Et le monde étonné, dans un pieux silence,
Verra briller enfin la divine clarté.
Depuis quatre mille ans, le père du mensonge
Avait couvert ses yeux du bandeau de l'erreur ;
Jésus l'éveillera de ce pénible songe.
Chrétiens, aux chants du ciel, etc.

Que cette fête est belle après nos jours de pleurs !
Jésus n'est plus paré de son bandeau d'épines,
Il est environné de ces splendeurs divines
Dont son Père en ce jour sait payer ses douleurs.

Sa croix, arbre chéri, d'une pourpre sanglante
Reste teinte à jamais ; de ce sang précieux
Les siècles à venir la verront ruisselante.
Chrétiens, aux chants du ciel, etc.

—◦—◇—◦—

ÉLÉVATION

Entonnons un chant de victoire:
Jésus descend dans ce séjour :
Oui, chrétiens, c'est le Roi de gloire,
C'est l'Eternel, le Dieu d'amour.

Unissez-vous à nos cantiques,
Descendez, Esprits immortels,
Et sur vos lyres séraphiques
Chantez le Dieu de nos autels.

Faites retentir cette enceinte
De votre immortel hosanna ;
Portez jusqu'à la Cité sainte
Notre joyeux alleluia.

—◦—◇—◦—

LE-DIM. DU BON PASTEUR

OFFERTOIRE

O bon Pasteur, vois tes brebis errantes
Fuir ta houlette et ton bercail divin ;
Le mercenaire a vu remplir ses tentes
De tes troupeaux que tu cherches en vain.
    Hélas ! sourds à ta voix bénie,
    Ils ont suivi le faux pasteur ;
    Malgré ta tendresse infinie
    Ils préfèrent cet imposteur.
    Jésus, pour ces brebis chéries,
    Tu mourus, miracle d'amour !
    Et tu donnerais mille vies,
    O bon Pasteur, pour leur retour.

Aux claires eaux où tes brebis heureuses
Vont s'abreuver dans la chaleur du jour,

Nous préférons ces citernes bourbeuses
Où l'on s'enivre, hélas ! d'un fol amour.
   Mon Dieu, sourds à ta voix bénie,
   Nous écoutons le faux pasteur ;
   Malgré ta tendresse infinie
   Nous aimons mieux cet imposteur.
   Jésus, pour ces, etc.

A cette plante à la saveur céleste,
Au suc divin dont ta main la nourrit,
Nous préférons, ô démence funeste !
Le fruit de mort qui nous est interdit.
   Hélas ! etc.

Troupeau chéri, nous dis-tu, plein d'alarmes,
Ne me fuis pas, moi seul mène au bonheur,
Crois-en mon sang, mes souffrances, mes larmes,
Ma mort cruelle et mon nom de Sauveur.
   Hélas ! etc.

Pardonne-nous cette fuite insensée,
Nous revenons à tes pieds, bon Pasteur !
Mais qu'ai-je dit ? par la route lassée
Chaque brebis tombe, hélas ! de langueur.
   Jésus, au nom de ta tendresse
   Prête-nous ton céleste appui,
   Malgré nos maux, notre faiblesse,
   Nous voulons te suivre aujourd'hui ;

Attentif à nos voix coupables,
Jésus, pour aider le retour,
Nous prend dans ses bras adorables,
Oh ! bon Pasteur ! oh ! quel amour !
Oh ! quel amour ! oh ! quel amour !

——◇——

Autre.

Venez à moi, brebis que j'aime,
Nous dit l'adorable Sauveur,
Pour vous ma tendresse est extrême,
Venez en goûter la douceur.
Rassemblez-vous sous ma houlette,
Reposez-vous sur mon amour ;
Petit troupeau, je le répète,
Venez à moi dans ce séjour.

C'est ici l'heureuse prairie,
A l'herbe douce, aux claires eaux ;
C'est la divine bergerie
Où je cacherai mes agneaux.
Des faibles si le pied chancelle,
Je les porterai dans mes bras
Jusqu'à la patrie éternelle ;
Mon amour ne se lasse pas.

Je suis le Pasteur véritable ;
Pour vous j'ai répandu mon sang ,
Et sous l'effort d'un fer coupable
J'ai laissé s'entr'ouvrir mon flanc.
Venez, cette heureuse blessure
Ouvre un chemin jusqu'à mon cœur ;
Accourez, la retraite est sûre,
Venez, je suis le bon Pasteur.

Venez ; je prends sur mon épaule
La brebis qui revient à moi ;
Par ma consolante parole
Je sais dissiper son effroi.
Venez, jamais je n'abandonne
Quand vient le moment du danger ;
Venez, venez ; mon cœur pardonne ,
Ma houlette sait protéger.

LA PENTECOTE

OFFERTOIRE

O Jésus, quand vers ton Père
Ton amour te conduisit,
En nous laissant sur la terre
Tu nous promis ton Esprit ;
Daigne accomplir ta promesse,
Doux Jésus, voici le jour ;
Puisse vers nous ta tendresse
Envoyer l'Esprit d'amour !

Rends-nous sages et fidèles
A remplir ta sainte loi ;
Que l'Esprit-Saint, sous ses ailes,
Nous conduise jusqu'à toi.
Fuyons la vaine science
Et cherchons la vérité ;

Viens, Esprit d'intelligence,
Nous guider de ta clarté.
Daigne accomplir, etc.

Dieu fort, de notre faiblesse
Que ton Esprit soit l'appui ;
Hélas, nous tombons sans cesse
Dès que nous marchons sans lui.
Soutiens-nous, car de la vie
Est bien rude le chemin ;
Dans ta tendresse infinie,
Prête-nous ce cher soutien.
Daigne accomplir, etc.

Ne permets pas que le doute
Fasse chanceler nos pas ;
Montre toi-même la route
Qu'il nous faut suivre ici-bas.
C'est toi seul que veut notre âme,
Vers toi volent nos désirs,
Guide-nous, et de ta flamme
Allume tous nos soupirs.
Daigne accomplir, etc.

Puisse ta main bienfaisante
Répandre sur nos malheurs
Cette onction si touchante
Qui rend presque doux les pleurs ;

Que la piété, la grâce
Nous portent jusqu'à ton cœur ;
D'un Dieu montre-nous la trace ;
La suivre est le vrai bonheur.

Daigne accomplir, etc.

ÉLÉVATION

Jésus, de son trône de flammes,
Est descendu sur cet autel ;
Chrétiens, aux transports de nos âmes
Reconnaissons le Roi du ciel.
C'est le Seigneur ! oui, c'est le Dieu suprême,
Le Prince et l'Auteur des vertus,
Le Dieu d'amour, que j'adore et que j'aime,
Oui, c'est Jésus ! oui, c'est Jésus !

Il vient pour éclairer la terre,
Pour l'embraser de ses ardeurs,
Et par son Esprit salutaire
Il viendra régner sur nos cœurs.
C'est le Seigneur ! oui, etc.

INVOCATION AU SAINT-ESPRIT

Esprit de lumière et d'amour,
Descends sur nous, descends du céleste séjour.
  Divin Jésus, ta voix si tendre
  A promis cet Esprit de paix.
  Ah ! ne nous le fais plus attendre,
  C'est par lui seul qu'on peut comprendre
  Et ta tendresse et tes bienfaits.
Esprit, etc.

  Apprends à notre âme ravie
  Le triomphe du Dieu Sauveur.
  Sa mort nous a rendu la vie ;
  Aide notre voix attendrie
  A bénir ce triomphateur.
  Esprit, etc.

Oui, désormais nous te serons fidèles,
Nous le jurons au tombeau glorieux.
Esprit divin, pardonne à ces rebelles,
  Cache-les sous tes ailes.
  Esprit, etc.

LA SAINTE TRINITÉ

Auguste et sainte Trinité,
Nous voulons chanter tes louanges ;
Laisse-nous, Dieu de majesté,
Nous unir au concert des anges.
Honneur au Père! honneur à Jésus-Christ !
Gloire! oh! gloire sans cesse !
Le même hommage offert au Saint-Esprit
Nous remplit d'allégresse.

Père saint, divin Créateur,
A toi la force et la puissance.
La terre nous dit ta grandeur,
Et les cieux ta magnificence.
Honneur, etc.

Doux Rédempteur, Verbe éternel,
C'est toi, dont le sang adorable

Coula pour apaiser le Ciel ,
En faveur du monde coupable.
Honneur , etc.

Divin Esprit, Esprit de paix ,
Ton souffle nous donne la vie ;
Mais le plus grand de tes bienfaits,
C'est ton amour qui déifie.
Honneur , etc.

Oh ! règne à jamais sur nos cœurs ,
Dieu trois fois saint, Dieu de lumière !
Embrase-nous de tes ardeurs ,
Ecoute notre humble prière.
Honneur , etc.

FÊTE DU S.-SACREMENT

Eucharistie,
Céleste Hostie,
Manne d'amour !
Dans ce grand jour
Nos voix heureuses,
Tendres, pieuses,
En ton honneur
Chantent en chœur.

Sur ton passage,
Le premier âge
Répand des fleurs ;
Et nous, nos cœurs.
Daigne, ô bon Maître,
Seul premier être,
Les accueillir,
Et nous bénir !

Venez, saints Anges,
A nos louanges
Mêler vos chants
Purs et touchants ;
Qu'un saint cantique,
Chœur séraphique,
Loue en ce jour
Ce Dieu d'amour.

Maître adorable,
Sauveur aimable,
De tes ardeurs
Brûle nos cœurs.
Chaîne bénie,
A jamais lie
Tous les mortels,
A tes autels.

Là, l'innocence
Goûte en silence
Le charme heureux
Du don des cieux ;
Là, dans l'extase,
L'âme s'embrase
Du feu divin
D'un séraphin.

Là, non sans charmes
Coulent les larmes

Que vient t'offrir
Le repentir.
Ta main chérie
Souvent essuie,
Divin Epoux,
Tes pleurs si doux.

O saint mystère !
Dieu sur la terre
Fait son séjour,
Y tient sa cour.
De ta présence,
Roi d'indulgence,
Les doux effets
Sont des bienfaits.

Ta fête est belle
Pour le fidèle
Qui vit de foi,
O divin Roi !
La chaste ivresse,
De sa tendresse,
Verse en accords
Tous ses transports.

Ma voix expire,
Mon cœur soupire ;
Cède à mes vœux,
Harpe des cieux ;

Prête à mon âme
Tes chants de flamme,
Tes sons d'amour,
Pour ce beau jour.

AUX SACRÉS CŒURS

Cœurs sacrés, ma reconnaissance
Veut, dans ses chants, vous réunir;
Mais prêtez-moi votre assistance,
Unissez-vous pour me bénir.

Cœur de Jésus, Cœur de Marie,
Objets si chers à mon amour,
Daignez de ma voix attendrie
Recevoir les chants en ce jour.
Cœurs sacrés, etc.

Cœur de Jésus, Cœur de ma Mère,
Que vous avez souffert pour moi !
L'un fut percé sur le Calvaire,
L'autre y consentit avec foi.
Cœurs sacrés, etc.

Cœur de Jésus, pour un coupable,
Tu laissas répandre ton sang ;

7

Oui, mais tout ce sang adorable
Tu l'avais puisé dans son flanc.

Cœurs sacrés, etc.

Mon Sauveur, malgré ta tendresse,
Je fus indocile à ta loi;
Ton Cœur pardonna ma faiblesse
Et ta Mère pria pour moi.

Cœurs sacrés, etc.

SAINT PIERRE ET SAINT PAUL

Faisons retentir cette enceinte
Des transports de nos chants d'amour,
Le chef de la milice sainte,
Pierre est fêté dans ce beau jour.
O grand saint, prince de l'Eglise,
Nous demandons à Dieu, par toi,
Une âme fidèle et soumise
Aux dogmes sacrés de la foi.

A peine sorti du cénacle,
Où l'Esprit-Saint fit de son cœur
Un vaste et vivant tabernacle
Brûlant de l'amour du Seigneur,
Il parle, et la foule étonnée,
L'oreille attentive à sa voix,
Au pied de l'Apôtre inclinée
Se soumet au Dieu de la croix.

Déjà la divine parole
A retenti dans tous les lieux ;
Déjà de l'un à l'autre pôle
Est adoré le Roi des cieux.
Et le disciple du Calvaire
Voit flotter ses saints étendards
Sur les tours de Rome la fière
Plus haut que ceux de ses Césars.

Célébrons aussi l'éloquence
Du grand Apôtre des Gentils,
Dont la ferveur et la constance
Sut affronter tous les périls.
Brûlant d'un zèle qui dévore,
On le vit traverser les mers,
Et prêcher le Dieu qu'il adore
Jusques au bout de l'univers.

Grands saints, la palme du martyre
Triple l'éclat de vos vertus ;
Montez vers le céleste empire,
Montez vers le Dieu des élus.
Il ceindra de riches couronnes
Vos fronts fiers du sceau de la croix ;
Vous ne descendrez de vos trônes
Que pour venir juger les rois.

—◇—

L'ASSOMPTION

De nos prés dépouillant la parure,
Nous voulons, au gré de notre amour,
Couronner la Reine sainte et pure,
Qu'on révère au céleste séjour.

Oui, des fleurs que ce mois fait éclore,
Laisse-nous parer ton front serein,
Douce Vierge, éblouissante aurore,
Lis du ciel, étoile du matin.

Unissons à la rose brillante
Le lis pur et l'œillet parfumé,
Le bluet, frêle et timide plante,
L'immortelle et le lilas aimé.
Oui, des fleurs, etc.

Mais surtout à cette fraîche offrande
Joignons tous notre amour et nos cœurs,

Formons-en une riche guirlande,
Et sa main en bénira les fleurs.
Oui, des fleurs, etc.

—o◦◇◦o—

Autre pour le même jour.

Chantons de nouveaux cantiques
A la Mère du Roi des rois,
Et que les chœurs angéliques
Unissent leurs chants à nos voix.
O Marie, ô Marie, entends nos vœux d'amour
De ta céleste cour.

Le Dieu très-saint te couronne
D'un diadème glorieux ;
Ton fils, auprès de son trône,
A placé le tien dans les cieux.
O Marie, etc.

L'Esprit qui te fit féconde,
L'Esprit d'amour, de sainteté,
T'établit reine du monde,
Te communiqua sa bonté.
O Marie, etc.

Puis sur la harpe sacrée
Chanta le brûlant séraphin,
O Reine de l'Empirée,
A toi, Marie, amour sans fin !
O Marie, etc.

A ces sublimes louanges
Nous voulons mêler nos accents ;
Marie est reine des anges,
Oui, mais nous sommes ses enfants.
O Marie, etc.

Obtiens-nous, Mère chérie,
L'amour, l'espérance et la foi,
Pour qu'en la sainte patrie
Nous régnions un jour avec toi.
O Marie, etc.

Oui, nous voulons sur tes traces,
Marcher au sentier des vertus.
Mère des célestes grâces,
Aide-nous à suivre Jésus.
O Marie, etc.

LA TOUSSAINT

Des saints nous chantons les louanges,
Nous glorifions l'Eternel
Qui de leurs heureuses phalanges
A daigné repeupler le ciel.

Quel beau jour ! notre âme attendrie
Exhale les plus doux accords,
Et de la céleste patrie
Nous partageons les saints transports.

Des saints, etc.

Sur tous les fronts le bonheur brille,
Tous chantent d'un air radieux ;
C'est une fête de famille,
Nous avons tous un frère aux cieux.

Des saints, etc.

A vous, Reine de l'Empirée,
A vous, nos accords les plus doux ;

Mère aimable, Vierge sacrée,
Chaste colombe de l'Epoux.
Des saints, etc.

Des patriarches, des prophètes,
Oh ! qui comprendra les grandeurs,
Et du bandeau qui ceint leurs têtes
Qui nous montrera les splendeurs ?
Des saints, etc.

Des apôtres la troupe sainte
Siége au haut des sacrés parvis ;
Princes de la céleste enceinte
Près de leur Maître ils sont assis.
Des saints, etc.

Vêtus de robes éclatantes,
Et les martyrs et les docteurs
Balancent leurs palmes brillantes,
Dieu les couronne de splendeurs.
Des saints, etc.

Les vierges à Dieu consacrées
Suivent les traces de l'Agneau,
Et de roses et de lis parées
Chantent un cantique nouveau.
Des saints, etc.

Enfin tous ceux qui, sur la terre,
Suivirent les pas de Jésus,

Inondés d'amour, de lumière,
Règnent au séjour des élus.

Des saints, etc.

Princes glorieux, ô nos frères,
Daignez nous bénir en ce jour;
Présentez nos humbles prières
Au Roi de la céleste cour.

Qu'amour, honneur, gloire infinie
Soient rendus à sa majesté;
Dieu bon, ta tendresse bénie
Nous revêt d'immortalité.

FÊTE DE SAINTE CÉCILE

Dans ce jour où ton Dieu te couronne ,
Ah ! souris à nos vœux innocents ,
Douce Cécile, ô sainte patronne ,
Prête-nous tes célestes accents.

Oui , chantons ; que les flots d'harmonie
De nos cœurs redisent les transports,
Pour célébrer sa fête chérie
Choisissons nos plus brillants accords.

Quand de Dieu tu chantais les louanges,
Quand ton luth frémissait sous tes doigts ,
On eût dit les purs accents des anges
Qui du ciel descendaient à ta voix.

Oui , chantons , etc.

Je te vois de gloire environnée ,
En tous lieux suivre l'auguste Agneau ;

De lis purs ta tête est couronnée,
Ta voix chante un cantique nouveau.

Oui, chantons, etc.

Le martyre et sa pourpre sanglante,
Vierge, ont teint ton manteau nuptial,
Fait fleurir ta palme verdoyante,
Préparé ton trône triomphal.

Oui, chantons, etc.

Quel éclat sur ton beau front rayonne,
O suave et douce majesté !
Qui t'a tressé ta double couronne ?
Le martyre et la virginité.

Oui, chantons, etc.

Il nous faudrait ta harpe angélique
Et ton cœur brûlant d'un feu sacré,
Pour te chanter un digne cantique,
Pour célébrer ton nom vénéré.

Oui, chantons, etc.

A nos vœux rends ton Epoux propice.
Douce vierge, obtiens-nous ton bonheur ;
Nous voulons, aimable protectrice,
Par tes mains lui donner notre cœur.

Oui, chantons, etc.

Des lis purs de ta couronne blanche
Puisse Dieu nous couronner un jour ;
Sous ton poids si notre front se penche,
Qui dira notre extase d'amour ?

Oui., chantons , etc.

LES MIRACLES

Jésus accomplit les oracles,
Et pour cimenter notre foi,
Il sut prodiguer les miracles ;
La nature suivit sa loi.
Son regard calmait les tempêtes,
A son nom fuyait Lucifer,
La mort lui rendait ses conquêtes,
Son pied vainqueur foulait la mer.

Le pain (miracle de tendresse)
Se multiplia sous sa main,
Et vint soutenir la faiblesse
Du peuple assis sur le chemin.
Le sourd entend sa voix chérie,
L'aveugle a contemplé les cieux,
Les lépreux, au Fils de Maire,
Ont chanté leur hymne pieux.

Le doux Sauveur à son Eglise
A transmis ce pouvoir divin ;
La nature y reste soumise,
Et l'enfer se révolte en vain.
Toujours sa voix est obéie ;
Que ce triomphe est glorieux !
Eglise, ô ma mère chérie,
A toi mon amour et mes vœux !

Tu restes la dépositaire
Des lois de ton céleste Epoux.
Le monde marche à ta lumière,
Comme le sien ton joug est doux.
Oh ! puisse la foule insensée
Qui te fuit, revenir à toi ;
Dans tes bras se sentir pressée
Et bénir ton culte et ta foi !

LA PREMIÈRE COMMUNION

OFFERTOIRE

Venez, enfants, venez, troupe choisie,
Le Dieu Sauveur vous appelle en ce jour ;
Venez, sa voix vous presse et vous convie
De vous asseoir à sa table d'amour.
Oh ! rendez-vous au vœu de sa tendresse,
Obéissez, le précepte est si doux !
Ne tardez plus, volez à ses genoux,
Voici l'instant, et son amour vous presse.

Heureux enfants, à ce banquet des cieux,
Portez enfin vos pas religieux.

Venez ; toujours l'enfance sut lui plaire
Par sa candeur et sa simplicité :
Venez ; aux jours qu'il passa sur la terre,
Il vous aima, ce Dieu de majesté ;

Sur cet autel, il a même tendresse ;
Comme autrefois il vous appelle à lui ;
Ne tardez plus, venez, c'est aujourd'hui,
Voici l'instant, et son amour vous presse.

Heureux enfants, etc.

Je vous entends dire : En notre indigence
Que présenter au Souverain du ciel ?
Ah ! portez-lui votre heureuse innocence,
C'est un présent digne de son autel.
Venez, venez ; son cœur avec ivresse
Accueillera ce riche et saint trésor.
Ne tardez plus !.... Vous hésitez encore !....
Voici l'instant, et son amour vous presse.

Heureux enfants, etc.

Que craignez-vous, c'est l'ami le plus tendre ;
Si vous saviez tout son amour pour vous !....
Combien de fois sa voix se fit entendre
Pour vous bénir de ses mots les plus doux :
« Laissez, laissez, au gré de ma tendresse,
Venir à moi tous ces jeunes enfants. »
Ah ! de son cœur écoutez les accents,
Ne tardez plus, car son amour vous presse.

Heureux enfants, etc.

Allez à lui, de ses divines flammes
Il saura bien embraser tous vos cœurs.

Vous l'aimerez, et dans vos jeunes âmes
Il répandra ses plus riches faveurs.
Cédez, cédez à sa vive tendresse,
Et relevez tous vos fronts inclinés ;
Ne tardez plus, sa voix vous dit : Venez.
Voici l'instant, et son amour vous presse.

Heureux enfants, etc.

ÉLÉVATION

Du trône de sa gloire,
Le Souverain du ciel,
Il m'est doux de le croire,
Est descendu sur l'autel ;
De son auguste présence,
Oui, je ressens l'influence,

C'est lui, c'est lui, c'est lui !
Séraphins, prêtez-nous vos célestes ardeurs,
De vos feux embrasez nos cœurs.

O sainte Eucharistie,
Pain du céleste amour,
Suradorable Hostie,
Nous voulons en ce grand jour

Célébrer votre tendresse,
Répéter avec ivresse,
C'est lui, c'est lui, c'est lui !
Séraphins, prêtez-nous vos célestes ardeurs.
De vos feux embrasez nos cœurs.

A MARIE

En sortant des fonts pour aller à la chapelle de la Ste Vierge.

Ces promesses solennelles,
Oui, tous nous les garderons !
Oui, nous resterons fidèles
Au Dieu que nous adorons !
Sur l'autel de notre Mère
Allons graver nos serments,
Et sa bonté tutélaire
Nous rendra forts et constants.

Douce Vierge Marie,
Cache-nous dans ton sein,
Daigne nous tendre la main.
Vois, tout est piége dans la vie,
Daigne nous tendre la main
Et nous garder sur ce chemin.

Ah ! si de ta sainte égide,

Tu veux couvrir tes enfants,
Si ta main leur sert de guide,
On les verra triomphants
Sous leurs pieds fouler le monde
Et ses plaisirs séducteurs,
Défier l'esprit immonde
De souiller leurs jeunes cœurs.

Douce Vierge, etc.

Dans ce jour, ô notre Reine,
Nourris du Pain des élus,
De l'amour la sainte chaîne
Nous unit à ton Jésus.
Oh ! garde-lui bien nos âmes,
Vierge, notre doux recours ;
Fais que de ces chastes flammes
Notre cœur brûle toujours.

Douce Vierge, etc.

—o◇o—

Autre pour le même jour.

Reine des cieux, sous ton regard,
Sous le doux abri de tes ailes,
A ton pur et chaste étendard
Tu nous verras rester fidèles.

Tendre Marie, oui, dans cet heureux jour
Nous avons l'espérance
D'obtenir de Jésus, par ton parfait amour,
Notre persévérance.

Le monde et ses trompeurs plaisirs
Voudraient en vain charmer nos âmes,
Jésus seul aura nos désirs
Et de nos cœurs les chastes flammes.
Tendre Marie, etc.

On nous a dit que sous ses fleurs
Se trouvaient de noirs précipices;
Que sous ses ris vains et menteurs
Se cachaient de réels supplices.
Tendre Marie, etc.

Mais Jésus veut notre bonheur,
Il nous chérit avec tendresse;
Portons son joug plein de douceur
C'est là la suprême sagesse.
Tendre Marie, etc.

Que nous dit sa divine loi ?
D'aimer cet adorable Père.
Sois béni, Jésus, ô mon Roi,
Pour cette loi que je révère.
Tendre Marie, etc.

Après ce principe si doux
Vient celui de chérir nos frères ;
Il faut les aimer comme nous
Et compatir à leurs misères.
Tendre Marie , etc.

Toute la loi (Jésus l'a dit)
Dans ces deux mots est renfermée.
Loi d'amour ! que le Saint-Esprit
T'imprime en ton âme charmée !
Tendre Marie , etc.

Oui , nous le jurons , ô Jésus !
Notre cœur y sera fidèle ,
Sanctionne , ô Roi des élus ,
Cette promesse solennelle.
Tendre Marie , etc.

Mais soutiens-nous dans le chemin
Quand rude nous sera la vie ,
Et fais que de sa douce main
Nous guide l'aimable Marie.
Tendre Marie , etc.

RENOUVELLEMENT

DE LA PREMIÈRE COMMUNION

Admis pour la seconde fois
A la table du Roi de gloire,
Enfants, que nos cœurs par nos voix
Entonnent un chant de victoire !

Louange, amour, au Dieu de nos autels,
Honneur, reconnaissance !
A nos transports, unissez-vous, mortels,
Bénissons sa clémence.

Vous allez encore aujourd'hui
Recevoir la manne angélique,
Le Sauveur vous appelle à lui
Du haut du trône eucharistique ;
Louange, etc.

Il va descendre dans vos cœurs ;
Enfants, que votre âme ravie
S'embrase de saintes ardeurs ;
Jésus vous apporte la vie.

Louange, etc.

Recueillez-vous ; ce temple est saint,
Jésus offre son sacrifice.
Déjà, déjà l'Agneau divin
Vous a rendu le ciel propice.

Louange, etc.

Levez-vous, au banquet sacré,
Enfants bénis, prenez vos places ;
Jésus, de sa cour entouré
Descend de son trône de grâces.

Louange, etc.

Mystère, amour ! Le Dieu des dieux
Habite dans sa créature,
Et le Dominateur des cieux
D'un enfant est la nourriture !

Louange, etc.

Oh ! goûtez bien votre bonheur,
Jeunes enfants, il est extrême ;
Vous possédez dans votre cœur
Le Roi d'amour, Jésus lui-même !

Louange, etc.

Pour vos cœurs, oh ! quel heureux jour !
L'Esprit de force et de constance
Va dans son éternel amour
Guider, soutenir votre enfance.

Louange , etc.

Oui, sortant du banquet des cieux ,
Vous irez, ô troupe choisie,
Enfants mille fois bienheureux ,
Vous unir à l'Esprit de vie.

Louange, amour, au Dieu de nos autels ,
Honneur , reconnaissance !
A nos transports, unissez-vous , mortels ,
Bénissons sa clémence !

LA PERSÉVÉRANCE

Jésus , notre espérance ,
Notre unique bonheur ;
Oui , la persévérance
Est un don , est un don de ton cœur.
Jésus , etc.

De ton amour extrême ,
Seigneur , nous réclamons
Une faveur suprême ,
Le plus cher de tes dons.
Ah ! reçois , ah ! reçois la prière
Que je t'offre en ce jour.
Pour mon heure dernière ,
Garde-moi , garde-moi ton amour.
Jésus , etc.

Hélas ! notre faiblesse ,
Notre légèreté

Nous font craindre sans cesse
De lasser ta bonté.
Mais elle est, mais elle est infinie;
Et ta main, Dieu d'amour,
Nous soutient dans la vie;
Nous soutient et jusqu'au dernier jour.
Jésus, etc.

Que tes célestes grâces,
Adorable Jésus,
Conduisent sur tes traces
Le peuple des élus.
Que tes saints, que tes saints soient fidèles
Jusqu'à leur dernier jour;
Cache-les sous tes ailes,
O Sauveur, ô Sauveur plein d'amour !
Jésus, etc.

La vertu la plus pure
N'a pas de lendemain;
Nul appui ne rassure
Sans celui de ta main;
Jusqu'au seuil, jusqu'au seuil de la tombe
Il nous faut ton secours;
Sans toi le cèdre tombe,
Doux Sauveur, oh! soutiens-le toujours.
Jésus, etc.

Autre sur le même sujet.

Du trône éclatant de lumière
Où tu découvres tes splendeurs,
Montre-toi sensible à mes pleurs,
Exauce mon humble prière.
    Dieu d'amour,
Porte-moi dans tes bras jusqu'à mon dernier jour.

Grand Dieu ! pour ma persévérance
Que je redoute l'avenir !
Je t'ai promis de te chérir ;
Mais je sais ma triste inconstance.
    Dieu d'amour, etc.

J'avais dit : Régnez sur mon âme,
Soyez à jamais mon vainqueur.
Et depuis mon trop lâche cœur
Brûla d'une étrangère flamme.
    Dieu d'amour, etc.

Cette fatale expérience
M'attriste et me glace d'effroi;
Mais quand je n'attends rien de moi,
O Jésus, sois mon espérance.
    Dieu d'amour, etc.

Aujourd'hui, suivant ta loi sainte,
Mon cœur adore à ton autel ;
Demain, dans les routes du ciel,
Marcherai-je?... O Dieu ! quelle crainte !

    Dieu d'amour, etc.

Maintenant mon âme fidèle
Ecoute la voix de Jésus ;
Bientôt à ce Roi des élus
Je serai peut-être rebelle.

    Dieu d'amour, etc.

FIN

TABLE

TABLE 105

FIN DE LA TABLE.

Lille. Typ. L. Lefort. 1862.

Les Annales.

FAITS CONTEMPORAINS DE L'HISTOIRE DE L'ÉGLISE,

PAR M. PETIT, CHANOINE-HONORAIRE DE LA ROCHELLE.

4 FRANCS PAR AN, *(affranchir)*.

Par livraison de 32 pages in-8.º paraissant chaque mois,
à partir de Janvier 1849.

ON S'ABONNE A LILLE,

CHEZ L. LEFORT, IMPRIMEUR-LIBR.-ÉDITEUR,

Et chez tous les principaux Libraires.

N.º 455.